AF410967

INVENTAIRE
V 46640

ESSAI

SUR

L'ARCHITECTURE RELIGIEUSE

DU MOYEN AGE.

ESSAI

SUR

L'ARCHITECTURE

RELIGIEUSE

DU MOYEN AGE,

PARTICULIÈREMENT EN FRANCE,

PAR M. PROSPER MÉRIMÉE.

**(Extrait de l'*Annuaire de la Société de l'Histoire de France*,
2e année.)**

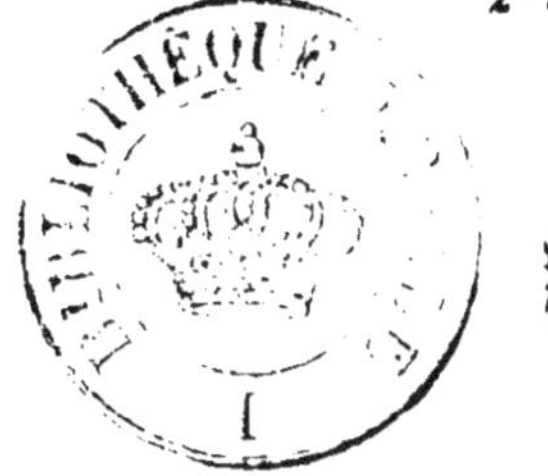

A PARIS,

DE L'IMPRIMERIE DE CRAPELET,

RUE DE VAUGIRARD, N° 9.

1837.

ESSAI

SUR

L'ARCHITECTURE RELIGIEUSE

DU MOYEN AGE,

PARTICULIÈREMENT EN FRANCE.

Si l'on étudie les monuments élevés depuis l'ère romaine jusqu'à la Renaissance, l'histoire de chaque style d'architecture sera la même , comme si ses progrès et sa décadence étaient soumis à une loi générale. Simples d'abord, les édifices s'ornent peu à peu; lorsqu'ils ont acquis toute l'élégance, toute la richesse que comporte le style auquel ils appartiennent, *sans qu'il en soit altéré*, l'époque est venue de la perfection de ce style, ou si l'on veut de son plus grand développement. Mais bientôt cette tendance à orner, à enrichir le fond original, dépasse la limite que nous avons marquée. Au lieu d'être accessoire, l'*ornementation* devient le but principal. Naguères on admirait le génie d'un architecte, maintenant ce sera l'adresse d'un ouvrier. Dès lors il ne faut plus chercher dans un monument une règle, une pensée générale qui aient présidé à sa disposition. D'ensemble, de système, il n'y en a plus, et le seul mérite auquel on prétende, c'est la finesse des détails, le précieux de l'exécution. Mais le goût se lasse, et d'autant plus vite qu'il s'est attaché à des minuties. On se fatigue donc bientôt de cette ornementation monotone dans ses caprices, et l'on cherche ailleurs des effets plus puissants et plus sûrs. Alors on remet en honneur des types oubliés, ou bien quelquefois, choisissant parmi les éléments du style qu'on abandonne, on en compose un système nouveau, de même que l'on construit un palais avec les ruines d'un temple renversé.

Ainsi, de la décadence d'une architecture, naît une autre architecture, non point toujours immédiatement, car il faut encore des circonstances favorables à cette rénovation périodique. A l'architecture splendide et surchargée du bas-empire ne succéda pas tout de suite une architecture nouvelle. L'art mourut en quelque sorte avec l'empire romain, et sa résurrection, au moyen âge, fut aussi lente que celle de la société qui se forma de l'amalgame des Romains et des Barbares. Au contraire, lorsque la décadence d'un style a lieu en pleine civilisation, et quand les arts sont encore cultivés, il est aussitôt remplacé par un autre style, car les artistes ne font jamais défaut lorsque les événemens ou les mœurs ne leur apportent pas des obstacles invincibles. C'est une mode remplacée par une autre mode. Arrivée au dernier terme de son développement, l'architecture byzantine tomba vers la fin du xiie siècle, étouffée, pour ainsi dire, sous le poids de ses ornements ; le siècle suivant vit s'élever une autre architecture, grave et sévère à son début, mais qui, dans la suite, oubliant son origine, périt comme celle qui l'avait précédée, et de même que celle-ci, après avoir laissé disparaître sous des ornements étrangers ses formes caractéristiques.

Je me suis proposé d'étudier principalement la première de ces révolutions, qui s'opéra du xiie au xiiie siècle, et de montrer comment les deux styles byzantin et gothique, si différents en apparence lorsqu'on les considère chacun à son point de développement, se confondent pour ainsi dire insensiblement à leur point de transition. En effet, et c'est ce que je m'attacherai à prouver, l'art nouveau emprunta tous ses éléments à l'art qui le précéda, et le changement d'un seul principe suffit pour déguiser ces emprunts, et pour former d'une masse de matériaux étrangers un ensemble harmonieux et revêtu d'un caractère original.

Pendant plusieurs siècles, les monuments de l'architecture romaine, échappés aux fureurs des Barbares, furent les seuls modèles à suivre pour les constructeurs du moyen âge, de même que l'organisation de la cité romaine offrit aux chefs barbares les bases de la société qui se reforma après leur conquête. Mais, pour reproduire ces chefs-d'œuvre, il fallait des richesses, du goût et du repos, toutes choses qui manquaient alors absolument. Les imitations furent donc très incomplètes, proportionnées qu'elles étaient aux ressources des imitateurs. Dans le petit nombre de ruines, où nous pouvons encore juger de leurs essais, nous trouvons toujours la preuve de leur impuissance dans les palliatifs grossiers dont ils essayèrent de la cacher. Ils parvinrent, il est vrai, à copier la disposition des monuments antiques; mais au lieu de ces blocs énormes taillés avec une si étonnante précision, que, pour me servir de l'expression d'Hérodien, une muraille semblait formée d'une seule pierre (1), ils durent se contenter d'un appareil moins beau et moins solide, mais d'une exécution plus prompte et plus facile. L'emploi de la brique, intercalée dans l'espèce de maçonnerie appelée *opus incertum*, avec le but évident de rétablir le parallélisme des assises, était déjà fréquent dans les derniers temps de l'empire (2) pour les constructions rapides et d'une importance secondaire; le moyen âge l'adopta pour ses palais et ses basili-

____

(1) Hérod., livre III, Septime-Sévère.

(2) On dit que l'usage de la brique, intercalée dans l'*opus incertum*, s'introduisit sous Gallien.

ques (1). Tout nous prouve d'ailleurs l'embarras
qu'on éprouvait à entreprendre toute bâtisse exi-
geant quelque adresse ou quelque précision. Aussi
les voûtes furent-elles rares , les arcades étroites. On
donnait aux basiliques des toits en charpente, peut-
être même dans la construction d'une église entrait-
il plus de bois que de pierre ; de là, ces incendies
continuels dont l'histoire ecclésiastique fournit des
exemples à chaque page. Quant à l'ornementation ,
on peut juger qu'elle était fort grossière, souvent
presque nulle. Par exemple, à peine pouvait-on
trouver des ouvriers en état de sculpter un chapiteau , peut-être même de tailler une colonne mono-
lithe. Telle était la détresse à cet égard , que la res-
source la plus ordinaire était de dépouiller les édifices
anciens pour décorer les modernes. Charlemagne fit
transporter, de Ravenne à Aix-la-Chapelle, des colonnes de granit qu'on ne sut pas même disposer
convenablement (2). Enfin , en voyant dans les édifices de son temps et des siècles suivants , le soin qu'on
a mis à incruster de la manière la plus apparente
quelques fragments antiques mutilés, on peut se con-

---

(1) Restes d'un *Xenodochium* (hospice) à Metz ; quelques
portions de la cathédrale de Trèves , et de l'église de Saint-Martin à Angers.

(2) Elles furent placées à l'intérieur des arcades de la galerie
supérieure.

vaincre et de l'admiration des architectes pour l'art ancien et de leur désespoir de l'imiter.

Outre la décadence du goût et l'ignorance générale, on peut encore assigner une autre cause aux détestables constructions qui s'élevèrent du vi^e au xe siècle. Au milieu des révolutions continuelles, des guerres et des pillages auxquels l'Europe était livrée, la pensée d'avenir était éteinte en quelque sorte (1), et les fondateurs d'un édifice, loin de songer à la postérité, semblaient préoccupés de la crainte de ne pouvoir le terminer eux-mêmes. Point de ces grandes constructions entreprises sur de vastes plans, conduites avec une sage lenteur, suivies avec un désir constant de perfection depuis la pose des fondements jusqu'au couronnement du faîte. On sentait le besoin d'achever à la hâte, sous peine de ne laisser à ses contemporains qu'un monceau de ruines dont l'origine même eût été méconnaissable.

Tel fut l'état de l'architecture depuis la destruction de l'empire romain jusque vers la fin du xe siècle. Des édifices bâtis pendant cette longue période de barbarie, il reste moins de souvenirs que

---

(1) On connaît cette idée bizarre répandue par le clergé, que le monde devait finir en l'an 1000. Elle fut habilement exploitée par les prêtres, qui vendaient à beaux deniers comptants une place en paradis. Les richesses amassées par le clergé, à cette époque, contribuèrent puissamment à favoriser le grand développement de l'architecture au xie siècle.

des constructions romaines exposées à tant de ravages, minées depuis tant de siècles par la main du temps et celle des hommes (1).

Au xie siècle s'opéra une espèce de renaissance des arts, préparée sans doute par la constitution de la société chrétienne. « C'est à partir de la fin du xe siècle « que l'être social, qui porte le nom de France, est « pour ainsi dire formé. Il existe ; on peut assister à son « développement propre et extérieur. Ce développe- « ment mérite, pour la première fois, le nom de ci- « vilisation française (2). » De cette époque seulement date en France l'architecture du moyen âge ; nous avons vu qu'on pouvait à peine donner ce nom aux informes copies dont je viens de parler.

Ce premier style d'architecture moderne, le style roman, bysantin, lombard, saxon, quels que soient les noms qu'on lui donne, et je ne les ai pas cités tous, se forma lui-même de plusieurs éléments distincts ; il puisa, mais inégalement, à plusieurs sources. En première ligne, il faut toujours citer les souvenirs

______

(1) Il faut cependant noter que, sur la fin du règne de Charlemagne et pendant quelques années après sa mort, une amélioration dans les arts se manifesta en France. Elle fut bientôt arrêtée par les invasions des Normands et la recrudescence de la barbarie.

(2) M. Guizot, *Cours d'Histoire moderne,* tome III.

de l'architecture romaine, dont la puissance est telle que nous en reconnaissons encore les lois ; quant aux autres causes, influentes aussi, mais à un moindre degré, je vais essayer d'en distinguer les principales.

Les voyages, ou plutôt les pèlerinages en Orient, qui devinrent fréquents avec l'exaltation progressive de l'esprit religieux (1), donnèrent naturellement aux pèlerins, aux ecclésiastiques surtout, alors seuls dépositaires des arts et des sciences, l'occasion de voir et d'étudier dans la Grèce les monuments du bas-empire, et sans doute en Asie, ceux que venaient d'élever les conquérants sarrasins. Des idées nouvelles, des procédés industriels furent les fruits immédiats de ces voyages. Nombre de pèlerins s'instruisirent dans les arts de Bysance ou rapportèrent le récit de ses merveilles, et le désir d'appeler dans leur patrie les hommes qui savaient les produire (2). Au reste, on comprendra combien il est difficile aujourd'hui d'apprécier l'étendue de l'influence que la Grèce et l'Orient exercèrent sur l'architecture occidentale. Tant de révolutions ont changé la face des

______

(1) Voir dans M. Bodin, *Recherches sur l'Anjou*, les nombreux voyages en Terre-Sainte de Foulques Nerra.

(2) Déjà, et deux siècles plus tôt, un grand nombre d'artistes grecs étaient venus en Occident, fuyant les persécutions des Iconoclastes. Les motifs exposés plus haut avaient sans doute empêché les résultats heureux que pouvait avoir cette émigration.

villes de l'Orient ! et nous, qui pouvons à peine deviner quel était l'état de la France au xie siècle, comment pourrions-nous espérer connaître celui de l'Asie? Ces recherches, d'ailleurs, toutes curieuses qu'elles soient, n'entrent point dans mon plan. Je n'ai à parler que des monuments de la France, et je dois me borner à signaler en général l'influence que l'Orient exerça sur notre architecture naissante. Une tradition, conservée dans toutes les histoires ecclésiastiques, suffirait seule pour la constater. Combien d'églises ne citent-elles pas, bâties sur le plan de celle du saint sépulcre à Jérusalem !

La forme et la disposition des édifices religieux furent encore modifiées par les besoins ou les habitudes de la portion du clergé qui les faisait construire. Les ordres monastiques surtout, disséminés sur toute l'étendue de la France, possédant seuls quelque savoir, jouissant de nombreux priviléges, de grandes richesses, se distinguaient entre eux par des pratiques particulières que chacun regardait comme plus agréables à Dieu que celles des autres communautés. Or, on sait que la plupart des architectes d'alors étaient des ecclésiastiques : toujours préoccupés d'idées ascétiques, ils introduisirent dans le plan et les détails de leurs églises une foule d'allusions dont le sens mystique nous échappe souvent aujourd'hui, mais dont l'existence n'en est pas moins incontestable.

Enfin, il faut encore tenir compte et des besoins

nés de notre climat , et des mœurs nationales qui durent nécessairement influer sur les emprunts faits aux étrangers. Peut-être même, surtout dans les procédés de construction et dans les détails de décoration , doit-on admettre comme des conséquences de nos habitudes nationales, et certaines pratiques plus ou moins bizarres, et certains ornements d'usage local, soit que ces pratiques et ces ornements fussent transmis par les peuples barbares qui formaient une si grande partie de la société moderne, soit qu'ils fussent introduits seulement par le caprice des ouvriers qui dès lors voulurent se distinguer par quelques innovations.

Je résumerais donc ainsi les éléments qui concoururent à former l'architecture du xie siècle.

1°. *Les souvenirs*, ou *l'imitation de l'architecture romaine*. Ils sont évidents partout, mais plus particulièrement dans le midi de la France , où les mœurs et les arts de Rome s'étaient naturalisés de bonne heure, et se conservèrent le plus long-temps. Rien de plus commun en Provence et dans le Languedoc que de rencontrer des chapiteaux, des moulures, plusieurs détails d'ornement exactement copiés d'après des modèles antiques. Les églises de Vienne, d'Arles, de Saint-Gilles, d'Alet, en fourniront de nombreux exemples ;

2°. *L'imitation des architectures néo-grecque et orientale*, importée par des étrangers ou par des artistes nationaux qui les avaient étudiées dans leurs voyages. On peut citer comme preuves le plan et la disposition d'un grand nombre d'églises, surtout sur les bords du Rhin ; les coupoles et beaucoup de détails d'ornementation ; l'emploi d'appareils, présentant des alternances de couleurs, tels qu'on en voit au portail de Sainte-Foy à Schelestadt, à Trèves et à Maguelonne ; le goût des incrustations et des mosaïques ; enfin le style général des sculptures, et jusqu'aux costumes que l'on donna aux statues de saints et aux rois ;

3°. *Les idées mystiques et les convenances de certaines corporations religieuses.* J'attribue à ces causes, d'abord les plans extraordinaires de quelques églises (1), leur orientation, l'allongement des chœurs, la disposition des chapelles rayonnant autour du chevet, le choix des sujets dans les bas-reliefs, et les animaux symboliques qui y figurent en si grand nombre, enfin, dans la décoration, une foule de détails qu'il serait trop long d'énumérer ;

4°. *Les besoins du climat et les mœurs nationales.* On est étonné de trouver si peu de traces de cette influence. Les toits des églises, par exemple, furent long-temps trop plats pour le climat du Nord : ce-

---

(1) Je n'ai pu examiner par moi-même certaines églises de Templiers à *deux nefs,* comme il en existe, dit-on, en Allemagne. J'en connais plusieurs circulaires ou polygonales, et cette forme paraît avoir été souvent préférée par les chevaliers du Temple.

pendant, si on les compare à ceux de l'Orient, ils offriront des différences encore sensibles. Les ouvertures des fenêtres, la clôture des églises, les galeries basses et couvertes, peuvent encore avoir été modifiées par le besoin de jour et la nécessité de se prémunir contre le froid et la pluie. On peut encore attribuer aux mœurs du temps, aux habitudes de guerre civile, l'apparence toute militaire de certaines églises, telles que celles de Maguelonne, de Spire, de Candes, etc. ;

5°. *Le goût national.* Quelques motifs d'architecture, dont on ne trouve point d'analogues dans l'Orient ni dans l'antiquité, sont peut-être des inventions propres à l'Europe du moyen âge. De ce nombre, je citerai les toits à angles saillants et rentrants des tours rhénanes, et plusieurs variétés d'appareil qu'il serait fastidieux de décrire ; enfin aussi quelques ornements, les zig-zags, par exemple, qu'on trouve dans les plus anciens de nos édifices (1), les billettes, les frettes, etc.

Au surplus, il faut bien observer que, dès les débuts de cette renaissance, les effets en furent très différents dans nos provinces, selon qu'elles se trouvaient plus ou moins immédiatement placées sous l'une ou l'autre des influences que je viens d'énumérer. Telle ville, par exemple, qui avait conservé

---

(1) On dit cependant qu'on en voit un exemple dans le palais de Dioclétien à Spalatro.

de grands monuments romains, s'efforça toujours de
les reproduire ; on trouvera là des souvenirs antiques qu'ailleurs on chercherait vainement. Dans
l'architecture romane, on le sait, les pilastres sont
fort rares ; or, l'on n'en trouve guère que dans les
villes où de grandes constructions romaines encore
existantes en fournissent des modèles naturels, pour
ainsi dire. A Langres, S. Mammès copia les pilastres cannelés de l'arc de Constance Chlore ;
S. Lazare d'Autun, ceux des portes d'Arroux et de
Saint-André. La nature des matériaux contribua
beaucoup aussi à produire des différences marquées
entre les constructions contemporaines de nos provinces. Là, par exemple, où pour bâtir on avait
une pierre calcaire facile à tailler, la sculpture fit
des progrès rapides. L'emploi du granit, au contraire, en arrêta l'essor. Cette observation ne peut
échapper au voyageur qui visite successivement les
églises du Poitou et celles de la Bretagne. — Les couleurs tranchées des produits volcaniques donnèrent
aux architectes de l'Auvergne et du Velay une grande
facilité pour décorer leurs édifices par des incrustations et des alternances de couleurs. — Enfin, l'emploi
de la brique, seule ou mêlée à la pierre, donna lieu
à de notables modifications dans la bâtisse, et dans
les pays où l'on en fait usage, elle joue un grand
rôle dans l'ornementation. Beaucoup de moulures,
peut-être entre autres les dents de scie, variété très
commune du zig-zag dont je parlais tout à l'heure,

BIBLIOTHÈQUE ROYALE

1

durent leur origine à une certaine disposition des briques dans l'appareil (1).

Un des premiers effets de la renaissance du xiᵉ siècle se fait sentir dans les soins nouveaux apportés à l'exécution matérielle très négligée jusqu'alors. On sent l'augmentation des ressources, le savoir-faire des ouvriers, surtout la préoccupation de durée. Déjà les plans s'agrandissent, et l'on s'attache en même temps à donner aux églises une apparence monumentale, et à les mettre, par la solidité de leur construction, à l'abri des catastrophes qui naguère les dévastaient presque périodiquement. Des voûtes remplacent les toits en charpente, et leur portée atteste que l'art de bâtir a fait rapidement de sensibles progrès. Aux lourds piliers rectangulaires des basiliques carlovingiennes, on substitue des colonnes (2), tantôt isolées, comme à Saint-Savin, tantôt engagées, comme dans la nef de

----

(1) M. Eug. Delacroix, dans son voyage à Maroc, a vu les briques employées presque comme unique moyen d'ornementation. Des lits de briques en encorbellement les uns au-dessus des autres forment des corniches ; placées à des intervalles égaux, elles servent de modillons ou de mutules ; rangées obliquement, elles figurent des dents de scie, etc.

(2) Comparez l'église circulaire d'Aix-la-Chapelle avec celle de Rieux-Mérinville (Aude).

Saint-Germain-des-Prés. Presque toujours elles sont isolées autour du chœur qu'elles enferment dans un hémicycle derrière lequel circulent les bas-côtés. Les colonnes vont devenir d'ailleurs un des éléments les plus ordinaires de la décoration. On en flanque les portes, les fenêtres; on en fait les rayons des roses; souvent même elles servent à décorer une surface lisse en soutenant une arcature figurée.

La sculpture, long-temps abandonnée, reparaît alors, et joue même un rôle considérable dans la décoration des églises. Des statues, souvent colossales, des bas-reliefs, garnissent les parois et les tympans des portails; les corniches, les modillons, toutes les parties saillantes de la bâtisse reçoivent mille formes capricieuses où s'exerce l'imagination inventive des sculpteurs; souvent même les façades présentent des suites de niches ou des arcades qui n'ont d'autre but que de servir d'encadrement à des figures de ronde bosse ou de bas-relief (1). En même temps la peinture s'unit à la sculpture; non seulement les parties lisses de l'intérieur des églises sont revêtues de fresques (2), mais les statues, les bas-reliefs, les chapiteaux, tous les ornements sculptés sont peints et rehaussés d'or et de couleurs brillantes.

Il n'est peut-être pas hors de propos de remarquer ici l'étalage de luxe et de richesse où se complaît

---

(1) Voir la façade de Notre-Dame à Civray.
(2) Voir l'église de Saint-Savin.

la sculpture de cette époque. Non seulement les rois, mais les saints sont représentés couverts de vêtements magnifiques, où sont prodigués les broderies et les perles (1). Les chapiteaux des colonnes, leurs fûts mêmes, les archivoltes, étalent une profusion de pierreries. L'éclat des couleurs et des dorures ne paraissant pas suffire à l'illusion, on a souvent incrusté dans la pierre ou le marbre des morceaux de verre coloré, d'un effet plus certain que la peinture. On dirait que les artistes ont toujours devant les yeux l'image de la Jérusalem céleste toute resplendissante d'or et de rubis.

La décoration d'une église est graduée. Je m'explique : la façade expose tout d'abord la richesse du monument ; elle est destinée à donner une idée générale de sa magnificence ; elle est, si j'ose me servir d'une comparaison aussi profane, elle est à l'église ce que l'ouverture est à un opéra. On entre dans un vestibule sombre que les excommuniés n'osent franchir ; puis vient la nef, plus claire, où

____

(1) Dans un âge grossier, lorsqu'un artiste veut représenter un personnage vénérable, sa première idée, c'est de le revêtir d'un costume magnifique. Ce ne fut que par un raffinement tardif qu'on parvint à produire la même impression par un moyen tout contraire : l'*expression* suffit alors pour faire ressortir la grandeur morale ; mais il faut non seulement que l'art touche à la perfection, mais encore que le goût du public soit assez cultivé pour pouvoir comprendre les intentions de l'artiste.

l'ornementation est répartie avec sobriété. Tout le
luxe, toute la recherche, les détails les plus riches et
les plus élégants sont réservés pour le chœur, qui est
aussi la partie de l'édifice la plus éclairée, comme
pour attirer forcément les regards des fidèles vers la
partie la plus sainte, celle où se célèbrent les divins
mystères.

Je vais brièvement passer en revue les différentes
parties de la construction bysantine.

Les plans des églises sont d'une si grande variété,
qu'on ne pourrait guère les réduire à des règles gé-
nérales. Quelquefois ils conservent la forme des
premières basiliques, un rectangle terminé à l'orient
par un hémicycle ; seulement le chœur, à partir du
XI⁰ siècle, prend un accroissement considérable, et
le *chalcidique* ou le *transsept* tend à s'éloigner de
l'*apside*. Plus fréquemment on trouve la forme de
croix latine, rarement la croix grecque (1). Ici l'on
voit des églises circulaires ou polygonales (2) ;
ailleurs le chœur seul a cette disposition (3). Enfin,
dans quelques provinces, un hémicycle termine les
deux extrémités orientale et occidentale, et un
transsept sépare chaque hémicycle de la nef (4). Ce

---

(1) Saint-Genest à Nevers, Sainte-Croix à Montmajour.

(2) Sainte-Croix à Quimperlé, l'église de Rieux-Mérinville.

(3) Charroux.

(4) Cathédrale de Verdun, cathédrales de Worms, de
Bonn, etc.

n'est point ici le lieu de rechercher la cause de ces variations de plan; il serait d'ailleurs bien difficile aujourd'hui de faire la part et de ce qui se rapporte aux idées mystiques de l'époque, et de ce qu'il faut attribuer soit au caprice des architectes, soit à des causes accidentelles et locales.

De très bonne heure les façades furent flanquées de tours; quelquefois une seule tour surmonte la porte principale (1); ailleurs on en voit aux extré-mités orientale et occidentale, encadrant pour ainsi dire toute l'église (2). Les tours ont un double but; d'abord elles annoncent de loin les églises, puis elles peuvent aussi servir à la défense, car, à cette époque, il fallait une force réelle pour s'assurer le repos. Cette destination des tours est suffisamment prouvée par les entraves que les rois et les com-munes apportèrent souvent à leur érection, crai-gnant sans doute qu'elles ne devinssent un instru-ment de rebellion ou de tyrannie. Carrées d'abord, puis octogones, les tours romanes dominent les toîts de la nef, mais ne s'élèvent pas à une hauteur consi-dérable. Leur amortissement le plus ordinaire fut un toit aplati; ce ne fut, je crois, qu'au xii° siècle que l'on commença à les surmonter d'une pyramide de pierre (3).

---

(1) Sainte-Radegonde à Poitiers.

(2) Cathédrale de Worms, et plusieurs églises de Cologne.

(3) Ce fait a été contesté; je citerai pourtant comme un

La muraille occidentale (c'est presque toujours
la façade,) est percée d'ordinaire d'une ou plusieurs
portes, en nombre correspondant à celui des nefs (1).
Sur leurs archivoltes et leurs piédroits, la sculpture
a réuni toute sa puissance d'ornementation. On peut
considérer la porte centrale comme le morceau ca-
pital, le chef-d'œuvre de l'artiste. Au-dessus de
cette porte se trouve une fenêtre souvent en rose,
dont le diamètre, très médiocre d'abord, s'aug-
mente progressivement jusqu'à devenir, vers la
fin du xɪɪ^e siècle, égal ou supérieur à celui de la
porte. Un fronton termine la façade, plus aigu que
les frontons antiques; quelquefois il contient une
niche ou bien un œil-de-bœuf. Ainsi, dans la façade
on compte le plus souvent trois divisions horizontales, marquées par deux corniches ou deux moulures très saillantes, la première au-dessus de la
porte, la seconde au-dessus de la rose. Je ne parle,
bien entendu, que des cas les plus ordinaires et des
édifices construits avec assez de soin pour qu'on les
puisse considérer comme types.

exemple de flèche en pierre, dans le xɪɪ^e siècle, le clocher qui
surmonte le transsept de Sainte-Foy à Schelestadt. Sa forme, très
remarquable (les arêtes sont courbes), rappelle les plus anciennes constructions indiennes.

(1) Excepté dans les églises à double apside; leurs portes sont
alors percées ou sur les faces latérales, comme à Verdun et à
Worms, ou bien à droite et à gauche de l'apside occidentale,
comme à Trèves.

Passons à l'intérieur. Outre les divisions parallèles à l'axe de l'église et formées par des arcades, toute église romane a quatre divisions perpendiculaires à celles-ci et d'ordinaire bien marquées. D'abord c'est ou un vestibule intérieur, ou bien une distribution particulière de la partie occidentale de la nef, indiquant la place occupée dans la primitive église par les catéchumènes. Cette séparation paraît s'être conservée par tradition et sans objet apparent, fort long-temps après que les usages des premiers chrétiens étaient tombés en désuétude; vient ensuite la nef: puis le transsept, ou, dans les basiliques, le chalcidique; enfin le chœur. Cette disposition, toujours marquée par des différences dans l'architecture, ne souffre guère d'exception que dans les églises circulaires ou dans celles qui ont une double apside.

En général, la couverture d'une église se compose de trois toits, dont un pour la nef principale, et deux autres pour les nefs latérales, ces derniers n'ayant qu'une seule pente. Plus rarement voit-on un seul toit pour toute une église, et dans ce cas les bas côtés ont d'ordinaire un étage supérieur. Au lieu de cet étage supérieur on trouve plus communément une étroite galerie pratiquée dans l'épaisseur du mur de la nef et se prolongeant autour du chœur (1). Des arcades marquent cette galerie, et son emploi est devenu si ha-

(1) Il y a des églises où cette galerie est extérieure, comme à Spire et dans quelques villes rhénanes.

bituel dans l'architecture bysantine, que lorsqu'elle manque réellement on la voit presque toujours figurée (1).

Les fenêtres sont rares dans l'architecture bysantine. Il n'y en a qu'une dans le haut de chaque travée de la nef, une autre dans les bas côtés, toutes fort étroites; ou, si leur diamètre dépasse quelques pieds, on les divise par des colonnettes en deux arcades que surmonte un œil-de-bœuf. Quoique plus éclairées que les basiliques orientales, nos églises sont encore fort sombres.

Rarement dans les *transsepts* existe-t-il de division longitudinale semblable à celles de la nef; on en voit cependant qui ont de véritables bas côtés distingués par une ou deux rangées d'arcades (2). La disposition la plus ordinaire présente une chapelle semi-circulaire pratiquée dans un renfoncement du mur oriental. Au milieu du transsept s'élève une coupole; c'est la voûte la plus haute de l'église; quelquefois elle est encore surmontée d'une tour moindre que celle de la façade. Cette addition de hauteur et de poids nécessite un renforcement considérable des

____

(1) Il me semble que la pratique la plus ancienne a été de donner aux bas côtés un étage supérieur; la galerie fut une innovation, ou, si l'on veut, une altération du type primitif.

(2) Sainte-Marie du Capitole à Cologne, la cathédrale de Soissons. — Je crois qu'une disposition semblable existait autrefois dans l'église de Cluny.

piliers placés à l'orient de la nef, et de ceux qui leur correspondent à l'entrée du chœur. Là, sans doute pour cacher le nu de ces quatre piliers, on multiplia les colonnes engagées ; peut-être aussi observat-on dès lors qu'en groupant un faisceau de colonnes il résultait du jeu de la lumière et de l'ombre une apparence de diminution dans la masse. De l'entrée des transsepts on transporta bientôt les faisceaux de colonnes dans la nef, et dans la suite, lorsque l'art gothique eut remplacé le style bysantin, on apprit à tirer de cet agencement un parti tout nouveau.

L'aire du chœur fut presque toujours plus élevée que celle de la nef, d'abord, afin de permettre aux assistans de voir l'officiant à l'autel, puis afin de donner un peu de jour aux cryptes ou caveaux sur lesquels le chœur est placé, car l'emplacement du chœur fut ordinairement marqué par le tombeau d'un saint (1) ; à son défaut la crypte rappelait les premières persécutions du christianisme et le mystère dont il entourait ses pratiques. Elle servait encore de dépôt pour les reliques, et même de chapelle privilégiée.

Lorsque l'allongement du chœur devint une règle constante, l'apside, qui long-temps avait renfermé le maître-autel, se transforma en une grande chapelle qui de très bonne heure fut dédiée à la Vierge. Sa forme la plus commune fut semi-circulaire, ou

______

(1) Sainte-Radegonde à Poitiers, la cathédrale de Bonn.

hexagonale ; cependant il existe des exemples anciens, rares il est vrai, d'une autre forme (1), ou même de la suppression totale de l'apside (2). D'autres chapelles, d'abord au nombre de deux, puis de quatre, de six, quelquefois même davantage, entourèrent le chevet de l'église, disposées de chaque côté de la chapelle de la Vierge. L'idée bizarre de représenter dans le plan d'une église l'instrument, l'emblême de notre salut, paraît avoir cherché dans l'addition de ces chapelles, l'imitation de la couronne du Christ ou du nimbe qui entoure sa tête. On doit encore peut-être attribuer à une allusion mystique le nombre presque constamment impair de ces chapelles. Je ne me rappelle qu'un seul exemple qui fasse exception à cette pratique, c'est le chœur de Saint-Hilaire, à Poitiers. On peut dire, en général, que le nombre des chapelles correspond à celui des arcades dans l'hémicycle du chœur.

L'ornementation des églises bysantines est extrêmement variée, et comme je l'ai dit plus haut, il n'y a guère de parties de la construction qui n'aient offert des motifs à la sculpture. Les représentations d'hommes ou d'animaux de ronde-bosse ou de bas-relief y sont fort nombreuses. Non seulement les

---

(1) Saint-Martin d'Angers ; le chœur du xiie siècle a la forme d'un trapèze.

(2) Saint-Pierre à Poitiers, Saint-Martin à Worms, plusieurs églises d'Auvergne.

tympans et les frises en sont couverts, mais ce même genre de décoration s'applique encore aux modillons, aux corniches, aux chapiteaux. On voit jusqu'à des soubassements formés par une masse d'hommes et d'animaux sculptés (1). D'ailleurs il ne faudrait pas croire que cette immense variété de compositions ne fût pas réglée par quelques lois ou par quelques usages. On est frappé, au contraire, de la répétition continuelle d'un certain nombre de sujets. Ainsi la figure du Christ entouré des apôtres occupe presque toujours le tympan de la porte principale. Le Jugement dernier, les Vierges sages et les Vierges folles, la Nativité, etc., sont des sujets de prédilection qu'on croirait affectés aux portes. Quelquefois, mais plus rarement, on trouve l'illustration de la légende qui retrace la vie du patron de l'église (2). Ce fut peut-être un souvenir antique qui fit placer en évidence sur les portails les douze signes du zodiaque; mais je crois que c'est plutôt à l'ignorance des ouvriers qu'à certains calculs mystiques ou astronomiques qu'il faut attribuer les intervertissements qu'on remarque très souvent dans la disposition des signes.

A part ces sujets, et d'autres faciles à expliquer, et dont la position semble soumise à certaines règles, il serait impossible d'entrer dans le détail ou

______

(1) A Saint-Gilles, par exemple.
(2) Église d'Andlau?

même de spécifier le caractère de tous ceux qu'on a jetés avec profusion sur les stylobates, les archivoltes, les piédroits, sur presque tous les membres de l'architecture. Rien de plus commun que d'en trouver de ridicules ou d'obscènes. On peut remarquer pourtant la prédilection des artistes pour les compositions tragiques et effrayantes, surtout pour la représentation des supplices que l'enfer réserve aux pécheurs. Il se sont complus à montrer des diables hideux, des monstres bizarres déchirant, torturant des damnés. L'intention d'agir par la terreur sur les imaginations est évidente, et l'on dirait que, par ces images de supplices, les artistes ont voulu venir en aide à l'éloquence des prédicateurs (1). Enfin il n'est pas inutile de faire observer le grand nombre d'animaux réels ou fantastiques originaires de l'Orient qui figurent sur ces bas-reliefs. Ce sont, je crois, autant de souvenirs des pèlerinages qui formaient alors le texte de tous les récits populaires (2).

L'emploi des compositions de bas-reliefs représen-

---

(1) Il faut se rappeler qu'alors les prédicateurs et les sculp_teurs appartenaient souvent au même couvent. Plusieurs moines se rendirent célèbres par leurs talents dans les arts aussi bien que par leur éloquence.

(2) A Vezelay, par exemple, on voit des chameaux, des lions; à Saint-Sauveur de Nevers des éléphans, des droma-daires, etc. ; presque partout la fameuse *Simorgue,* si célèbre dans les contes orientaux.

tant des êtres animés, à la décoration des chapiteaux, que pour cette raison on nomme *historiés*,
bien que très répandu, ne fut point pourtant général. Quelques provinces, celles de l'Est surtout, en
ont usé sobrement. En Alsace, un chapiteau historié
est une exception, tandis que dans le centre et le
midi de la France, c'est une forme presque constante. Concurremment avec les chapiteaux historiés, on en voit d'autres ornés de feuilles fantastiques, toujours variées d'espèce, mais offrant pourtant
presque toutes, dans leur corbeille, le galbe du chapiteau corinthien. Je ne connais guère qu'un seul chapiteau dont le profil soit tout-à-fait propre au moyen
âge, du moins je n'ai jamais vu son analogue dans le
bas-empire; c'est le chapiteau cubique de l'Alsace et
des bords du Rhin. C'est un type constant dans ces
provinces pendant toute la durée de la période bysantine (1). Une remarque fort importante que je ne
dois point oublier ici, c'est qu'à la mode du chapiteau historié, même dans les provinces où elle fut le
plus en vogue, succéda vers la fin du xiie siècle celle
du chapiteau à feuillages fantastiques, laquelle ré-
gna presque exclusivement pendant toute l'époque
de transition (2).

---

(1) Sainte-Marie du Capitole à Cologne; Rosheim et Maur-
moutier (Bas-Rhin).

(2) On suit comme pas à pas cette transition dans la nef de
Saint-Julien au Mans. Les bas côtés du xie siècle ont des cha-

Je viens de passer en revue les détails, et, si je puis m'exprimer ainsi, les membres de l'architecture des xi⁰ et xii⁰ siècle; je vais maintenant essayer d'apprécier le caractère de son ensemble. — Je suppose qu'un voyageur absolument étranger à l'étude de l'architecture entre dans une église comme il y en a tant en France, commencée dans un style et finie dans un autre; ayant, par exemple, une nef du xi⁰ ou xii⁰ siècle, et un chœur du xiii⁰ ou xiv⁰. L'impression générale qu'il recevra de ces deux parties sera toute différente; pourtant, s'il vient à comparer leurs détails, il n'en pourra point d'abord saisir aussi facilement la dissemblance, car je suppose qu'il ne connaît point les nuances d'ornementation, d'ailleurs fugitives, dont l'habitude de l'observation permet d'apprécier la date au premier coup d'œil. Des deux côtés il verra des colonnes groupées en faisceau, des chapiteaux de feuillages, une riche ornementation, une sculpture fine et minutieuse. Cependant il emportera l'idée que la nef et le chœur ne datent point du même temps. Il est même impossible qu'il ne fasse pas cette remarque, savoir, que la nef offre l'apparence de la solidité, qu'on a même sacrifié à cette apparence et qu'on l'a exagérée, tandis

---

piteaux historiés; la grande nef du xii⁰ a des chapiteaux à feuillages, parmi lesquels on en voit deux ou trois qui offrent de petites figurines sortant de l'aisselle des feuilles. Ce mélange offre les derniers souvenirs du chapiteau historié.

que le chœur lui semblera d'une surprenante légèreté, et partant, il sera conduit à croire que cette
légèreté a été systématique.

Dans cette différence d'impression, je trouve en
dernière analyse un jugement plus sûr que celui
qu'on ferait porter uniquement sur certains détails,
dans lesquels plusieurs antiquaires ont fait résider
toute la différence entre le style bysantin et celui
qui lui a succédé, et que l'on nomme communément
gothique. En effet, toutes les parties de la construction
gothique, on pourrait les retrouver dans la fabrique
bysantine ; les détails d'ornementation offriraient
même, dans bien des cas, des analogies frappantes.

Apparence de solidité d'une part, apparence de légèreté de l'autre, voilà des caractères qui ne peuvent se confondre. Je me hâte de les développer. A
la première vue d'une église romane, on est frappé
de sa largeur comparée à sa hauteur. Sur ce point,
il serait inutile de formuler une règle mathématique ;
mais si le rapport de ces dimensions est variable
quant aux chiffres, l'apparence d'une large base est
constante. Ni les voûtes, ni les arcades ne sont fort
élevées. Toujours remarquablement épais, les murs
sont encore renforcés de contreforts, dont les dimensions s'accroissent avec la hauteur du monument. Si
l'on examine la masse, on observera la prédominance
des parties pleines sur les vides. Ainsi les fenêtres n'occupent, dans chaque travée, qu'une fort petite place,
et leur ouverture est encore rétrécie par des colon-

nes qui leur servent de chambranle ou les divisent
par le milieu. Les colonnes sont fortes, souvent trapues, les piliers massifs, et les colonnes engagées qui
montent le long des murs de la nef jusqu'aux retombées des arcs doubleaux, peuvent, en raison de leur
importance, passer pour de véritables contreforts
intérieurs.

Étudions les mêmes parties dans une église gothique;
nous remarquerons d'abord, à l'extérieur, la hauteur
de sa façade et l'élancement de toute la construction ;
à l'intérieur, l'élévation des arcades, celle des voûtes,
pour ainsi dire suspendues sur de minces colonnettes.
Au lieu de ces piliers lourds et robustes, nous verrons
des piliers élevés dont le diamètre réel est déguisé
par leur plan en étoile, et par la multiplicité des
colonnettes grêles qui les composent. On peut comparer les premiers à un tronc de chêne, les seconds
à un faisceau de roseaux légers. Les fenêtres, tout à
l'heure si étroites, occupent maintenant tout le haut
de la travée, et les *meneaux* qui les divisent sont si
longs et si minces, que, loin de paraître ajouter à la
solidité de l'arc qui les surmonte, on conçoit à peine
qu'ils résistent à l'effort du vent. Au-dessus des premières arcades règne une galerie, non plus sombre
comme dans les églises romanes, mais ouverte à
jour des deux côtés, en sorte qu'on dirait que toute
la partie supérieure de l'édifice, son toit et ses voûtes, n'ont pour tout appui que des colonnettes fra-
giles qu'un faible choc mettrait en pièces.

Eh bien! ces galeries, nous les avons vues dans les basiliques romanes, mais basses et ouvertes seulement à l'intérieur; ces faisceaux de colonnes, nous les avons vus, mais lourds et massifs. Cette division des fenêtres par *meneaux*, nous en avons vu le principe dans les colonnes qui séparent en deux arcades les fenêtres bysantines; ces colonnes, appliquées aux murs de la nef pour soutenir les retombées des voûtes, nous les avons vues, mais épaisses et comme une garantie surabondante de force et de résistance. En un mot, chaque travée dans les deux styles se compose des mêmes éléments : seulement, dans l'une le but des architectes a été la solidité; dans l'autre, la légèreté.

Jusqu'ici j'ai évité de parler d'une forme que le plus souvent on regarde comme absolument caractéristique, et qu'on propose même comme une distinction suffisante entre les deux architectures que je viens de comparer. Le lecteur a déjà nommé l'ogive. C'est ici le lieu d'exposer mon opinion sur l'importance qu'il convient de lui donner, et d'examiner si sa substitution au plein cintre constitue véritablement une révolution dans l'architecture.

L'origine de l'ogive est encore fort obscure; mais je crois qu'il serait ridicule de la croire unique, c'est-à-dire trouvée par un seul homme, qui l'aurait transmise ensuite à une foule de nations différentes.

En effet, on la voit dans les plus anciennes constructions de peuples entre lesquels on chercherait en vain à établir des relations. Tous les ouvrages d'architecture offrent des dessins et des coupes du tombeau d'Atrée, des portes de villes pélasgiques en Italie, des Nuraghe de Sardaigne et de Corse. En Nubie et en Amérique, on trouve des exemples des formes ogivales (1). Presque partout l'ogive naît d'un arc formé par encorbellement, et cette manière de produire un arc ou une voûte étant la plus simple, pour ne pas dire la plus grossière de toutes, il n'est pas extraordinaire qu'elle ait été employée en beaucoup de lieux simultanément, partout où des matériaux convenables se trouvaient à la disposition des architectes.

Que les orientaux, au moyen âge, aient fait les premiers un assez grand usage de l'ogive, c'est ce qui paraît constant aujourd'hui; il est moins certain que ce soit à leur importation immédiate que les peuples du Nord en soient redevables; du moins son emploi, dans les plus anciens édifices de notre pays où nous l'ayons observée, est-il très différent de celui qu'on lui a donné dans les premières constructions sarrasines. En effet, dans le Méquias, l'ogive forme un ornement de ses faces; dans la mosquée de Tayloûn elle figure dans les fenêtres et les

---

(1) Voyez *Architecture moderne de la Sicile,* par Hittorff, planches 73 et 74.

portes; il en est de même au château de la Ziza en Sicile. En France, au contraire, l'ogive ne paraît d'abord qu'à l'intérieur des édifices; son usage est restreint aux arcades et aux voûtes. Long-temps affectée à certaines parties intérieures de la construction, ce n'est que fort tard qu'elle se montra dans l'amortissement des portes et surtout des fenêtres, de même que dans la décoration proprement dite.

Quelle que soit chez nous l'origine de l'ogive, question qu'on ne peut espérer résoudre complétement que lorsque l'histoire de l'architecture orientale nous sera révélée, ce qu'il importe de faire remarquer, quant à présent, c'est que l'arc brisé a paru de bonne heure dans nos constructions du moyen âge, et qu'il y a paru sans les modifier d'une manière sensible. On voit, dans le midi de la France, nombre d'arcades et de voûtes ogivales, évidemment de construction primitive, qui remontent au xiie et au xie siècles. Je crois même qu'il en existe de plus anciennes (1). Le genre d'ornements qui les accompagnent, les parties de bâtisse qui s'y lient ne peuvent laisser aucun doute sur leur date, confirmée d'ailleurs par des témoignages historiques incontestables. Au xiie siècle, l'arc brisé était devenu, dans

----

(1) La chapelle de Saint-Quinin à Vaison, est du viiie siècle; l'ancienne cathédrale de la même ville date du commencement du xie. Voyez la lettre de M. Ch. Lenormant à M. de Caumont, sur l'origine de l'ogive.

plusieurs de nos provinces, une forme constante
pour les voûtes et les arcades, sans que pour cela
le style byzantin en fût le moins du monde altéré (1);
c'était au contraire l'époque la plus brillante de
cette architecture. Saint-Maurice d'Angers, où l'on
voit tant d'ogives, passe avec raison pour un des plus
élégants modèles du style byzantin. Enfin, Saint-
Gilles, qu'il faut toujours citer comme le type le
plus achevé de ce style, présente des arcades ogivales dans ses parties les plus anciennes.

Prenons une église byzantine d'un caractère bien
prononcé, Saint-Germain-des-Prés à Paris, par exemple (2) : supposons qu'au lieu des deux seules ogives
qu'on voit à l'orient du chœur, supposons, dis-je, que
toutes les arcades aient cette forme : qu'en résultera-
t-il? Saint-Germain cessera-t-il d'être une basilique
byzantine? son style lourd et sévère pourra-t-il se
confondre avec celui des églises gothiques? se mé-
prendra-t-on enfin sur sa date, et la trouvera-t-on
beaucoup plus moderne? Que si l'on retourne la
proposition, si l'on donne à une église gothique des
arcs en plein cintre, on n'en détruira pas pour cela
le caractère essentiel; et sans parler de nombreuses
galeries du xiiie siècle dont les arcades sont des cintres trilobés, on voit dans quelques constructions

____

(1) Voir l'église de Saint-André à Chartres, bâtie en 1108.

(2) Bien entendu que je ne parle que des parties inférieures
de l'église.

du xve siècle le plein cintre mêlé à l'ogive, sans que le système gothique cesse de dominer dans l'ensemble (1).

Ceux-là même qui ont fait de l'ogive la forme caractéristique du style gothique, ont été forcés d'admettre l'existence d'ogives bysantines fort anciennes. Ce sont des exceptions, disent-ils; singulière forme qui caractérise un style d'architecture, et qui pourtant existe dans un autre style sans le caractériser!

Pour nous, l'ogive est un élément d'architecture applicable à plusieurs styles, mais qui n'est caractéristique d'aucun. On ne peut pas plus la prendre pour caractère essentiel, qu'on ne peut prendre la colonne ou l'archivolte, ou tout autre membre d'architecture. Autant vaudrait, ce me semble, attribuer au marbre un certain caractère, un autre à la brique, un autre à la pierre et au moellon. L'ogive est un moyen, non un système.

Le docteur Milner, dont le patriotisme se révoltait à l'idée qu'une découverte eût été faite hors de son pays, a prétendu trouver l'origine de l'ogive dans un ornement fréquemment reproduit dans les plus anciennes constructions du moyen âge, et qui

____

(1) On remarquera dans les premiers essais de la renaissance au xvie siècle, que l'on conserva quelque temps l'ordonnance et la disposition gothiques, tout en substituant aux détails de ce style des détails classiques. Voir les niches de Solesmes et la tribune de Vitré.

consiste dans une suite de cintres entrecroisés. De leur intersection naissent des ogives. Milner déclare, bien entendu, que cet ornement a paru pour la première fois en Angleterre; il en cite la date précise. Il est inutile de faire observer la faiblesse de l'argument. L'intersection des cintres se trouve dans l'ornementation de tous les peuples. On ne peut dire qu'elle ait été inventée, pas plus qu'on ne peut inventer un cercle ou bien un triangle. Enfin, de l'observation d'une certaine forme de décoration, à l'emploi de cette forme comme moyen de construction, la distance est immense.

Loin d'attribuer au hazard la découverte de l'ogive, je crois remarquer dans le premier usage qu'on en a fait en Europe, une espèce de raisonnement et de calcul. L'utilité de l'arc brisé, ses propriétés de résistance, surtout la facilité de sa construction qui exige une bien moins grande précision que l'arc en plein cintre, durent la faire adopter de préférence par des artistes timides et encore peu habiles. L'emploi de l'ogive était pour ainsi dire forcé dans beaucoup de cas. On sait, par exemple, que dans la partie semi-circulaire d'un chœur le besoin de solidité exige le rapprochement des piliers. Si les arcades de ces piliers sont en plein cintre, il s'ensuivra que le rayon de ces arcs, que leur hauteur ne sera pas la même que celle des autres arcades. Il en résulterait un effet désagréable à l'œil. Si, pour y remédier, on essaie, en surhaussant les cintres, de leur donner partout une hauteur égale , il en résultera un vice notable de construction , la poussée des masses s'exerçant d'une manière inégale sur des courbes différentes. L'ogive remédie à tout en permettant à la fois de reproduire des courbes semblables et de conserver la hauteur désirée. Voilà de ces cas où l'ogive est une nécessité (1).

Une nécessité semblable, ou, si l'on veut, la même raison d'utilité, fit préférer l'ogive pour les arcs d'une grande portée, comme offrant plus de garantie de résistance que les cintres. Rien de plus commun que de voir la voûte d'une nef en ogive, tandis que ses bas-côtés sont en plein cintre. Je pourrais accumuler les exemples d'ogives évidemment employées dans le seul but de solidité. Je citerai seulement celles de la cathédrale de Vaison, si larges, qu'on ne compte que trois arcades dans l'étendue de la nef; et celle qui termine la crypte du Munster à Strasbourg, et qui est destinée à renforcer le mur oriental de l'église (2). Rarement, même

---

(1) Nulle mesure exacte, nulle symétrie dans les édifices du moyen âge. Tout se faisait *de sentiment*. Dans des arcades , même en ligne droite , les largeurs sont rarement égales ; aussi voit-on l'ogive employée souvent pour corriger cette irrégularité et pour conserver l'égalité de hauteur dans les arcades.

(2) Pareil emploi de l'ogive se voit à Saint-Maurice d'Angers, et au Mans dans l'église de Notre-Dame de la Coulture ; seulement ce sont les murs latéraux qui sont renforcés de la sorte.

à la fin du xiie siècle, l'ogive paraît-elle dans la décoration. On ne la voit point ou presque point dans
les façades. Elle ne forme point, nous l'avons déjà
dit, l'amortissement des fenêtres ou des portes (1),
parties ordinairement décorées avec un grand luxe
de moulures et d'ornements. Ajoutons encore que
l'ogive se montre plus fréquente et plus ancienne
dans les églises de médiocre importance, que dans
celles qui ont été bâties sur de vastes plans et avec de
puissantes ressources. C'est que long-temps l'ogive
ne fut qu'une espèce de *pis-aller,* une forme néces-
saire, il est vrai, mais dont il semblait qu'on eût
honte, et que l'on n'osait mettre en évidence. Le
plein cintre était la forme *noble,* si je puis m'exprimer ainsi, tant parce qu'elle existait dans tous les
grands monuments antiques qui servaient de modèles, que parce qu'elle était d'une exécution sa-
vante et partant difficile. Dans le Midi, l'arc en
plein cintre persista comme forme noble jusque fort
avant dans le xiiie siècle. Il ne disparut même que
lorsque l'influence des hommes du Nord eut prévalu
dans ces provinces, et y eut détruit l'art national.

L'ogive fut long-temps à se naturaliser en Europe,
au point d'être admise à figurer dans la décoration.
Mais lorsqu'elle en fut arrivée à ce point on dut
tout naturellement la préférer, on dut même être

____

(1) Les fenêtres de la cathédrale de Chartres sont encore en
plein cintre.

forcé de la choisir lorsqu'il s'agit, avant tout, de donner à l'architecture de l'élévation et de la légèreté.

Il est à remarquer que, dès ses premiers débuts, l'art gothique s'essaya sur des monuments très considérables, et cette circonstance ne contribua pas peu sans doute à lui donner ce caractère de grandeur auquel conduisait d'ailleurs la tendance générale du système. Au moment de son apparition en France, le pouvoir long-temps divisé entre une multitude de petits tyrans féodaux, commençait à se concentrer entre les mains d'un moindre nombre de seigneurs plus riches et plus influents. De cette centralisation résultait l'accroissement des ressources, et avec elles la possibilité d'entreprendre de vastes constructions ; ajoutons que jamais les richesses du clergé n'avaient été si considérables, son influence moins contestée. Avec des indulgences, il pouvait disposer de milliers de travailleurs. Jusqu'alors, on avait beaucoup bâti, il est vrai, mais isolément, en éparpillant pour ainsi dire ses ressources. Il semblait qu'aux xie et xiie siècles, on se fût plus attaché à multiplier les églises qu'à en construire de monumentales. Au xiiie siècle, au contraire, le zèle religieux se porta sur un moindre nombre de fondations, mais, en revanche, il agit d'autant plus puissamment que ses efforts étaient moins divisés. Les plans s'agrandirent à mesure que le nombre des constructions isolées diminuait. Jadis, chaque seigneur, chaque abbé, avait voulu attacher son nom à l'érection d'une chapelle; maintenant, on verra des princes, des villes, des nations mêmes s'associer pour élever des cathédrales.

L'art gothique parut avec un système nouveau : il choisit dans l'architecture romane, s'appropria les éléments déjà en usage et les perfectionna tous; il sut composer un ensemble de ces éléments, et l'on eût dit qu'il les transformait en les mettant en œuvre. Son principe, je l'ai déjà indiqué; c'est la légèreté. Suivons-le dans une de ses applications.

L'architecture bysantine avait multiplié les colonnes, mais, toujours timide, elle les avait faites énormes et trapues, ou bien engagées dans des massifs épais. Tout d'abord, l'architecture gothique les allonge démesurément et en diminue le diamètre. Elle en fait un de ses principaux moyens de décoration. C'est même leur seul but, car elles cessent d'être nécessaires pour assurer la solidité. Souvent les architectes se plaisent à isoler de longues et frêles colonnettes, qui par leur position rappellent leur usage ancien, mais qui, par leur formes grêles et par leur fragilité, semblent plutôt offrir un sujet d'effroi qu'un moyen de résistance (1). Ainsi, de très bonne heure, nous voyons de hautes nefs divisées par des colonnettes sur lesquelles semble re-

______

(1) Voir la nef de la cathédrale de Dol en Bretagne.

poser la masse d'une voûte élevée. Par un artifice de construction, cette masse en réalité ne porte point sur ces colonnettes, elle se décharge sur des murs latéraux d'une solidité à toute épreuve (1). Une disposition semblable, mais sur une très petite échelle, s'observe dans quelques cryptes bysantines, par exemple dans celles de Neuwiller, du Munster, de Notre-Dame de la Coulture, etc. Mais il n'y a là aucune prétention à faire illusion. On n'a voulu que rappeler la disposition d'une église, et c'est une preuve de plus de l'art avec lequel les architectes du xiiie siècle perfectionnèrent toutes les inventions de leurs devanciers. On poussa si loin le goût, la passion pour l'apparence de la légèreté, qu'on s'étudia à dissimuler tous les moyens qui peuvent garantir la solidité. Je citerai un exemple remarquable de cette prétention à la légèreté. Les piliers du chœur de Saint-Julien au Mans, représentent en plan deux ovales, se pénétrant à leur sommet et ayant leur grand axe commun. Deux colonnettes isolées très grêles cachent le point de jonction des deux ovales. De l'intérieur du chœur ou des bas côtés, l'œil n'aperçoit qu'une partie du pilier, lequel paraît une colonne ronde d'une légèreté surprenante, les colonnettes ne permettant pas de voir à la fois plus que le sommet de l'un des deux ovales. Perçant

---

(1) Voir le chœur de Saint-Serge et l'hôpital d'Angers, le réfectoire du prieuré de Saint-Martin à Paris, et la chapelle basse de la Sainte-Chapelle.

partout les murailles, on voulut forcer le spectateur à l'étonnement, et le raisonnement seul peut lui faire croire à la solidité des masses suspendues au-dessus de sa tête. Pourtant, il fallut bien songer à cette solidité, et pour soutenir en l'air des voûtes à une prodigieuse hauteur, on dut augmenter successivement les contreforts ; il fallut étayer de tous côtés, par des arcs-boutants (1), ces masses pyramidales qui menaçaient le ciel et aussi les habitants de la terre. On ne recula devant aucune conséquence du système et l'on n'hésita pas à sacrifier l'extérieur des faces latérales, à l'effet que l'on espérait de l'intérieur : l'accroissement des contreforts, la multiplicité des arcs-boutants, n'en déplaise aux amateurs passionnés du style gothique, voilà de tristes nécessités, des palliatifs assez grossiers. Si, en entrant dans une église gothique, nous admirons la hardiesse des voûtes, l'élancement des colonnes, en un mot, sa fabrique tout aérienne, pour me servir de l'expression si juste de M. Dusommerard, on éprouve en la contemplant de loin le sentiment pénible qu'excite

---

(1) Les architectes du XIe siècle avaient déjà fait usage des arcs-boutants, mais à l'intérieur des églises. Couvrant les bas côtés d'une nef, et partie des transsepts d'une *demi-voûte,* ils appuyaient ainsi d'une manière très énergique les murs des hautes nefs et les coupoles qui surmontent les transsepts. Voir les églises de Saint-Sauveur à Nevers, de Conques, et presque toutes les églises bysantines de l'Auvergne et du Velay.

la vue d'une ruine chancelante et soutenue par des étais.

En cherchant à caractériser la différence des architectures byzantine et gothique, j'ai déjà signalé les modifications partielles amenées par le changement d'un principe. Je crois inutile d'insister davantage sur une comparaison que tous mes lecteurs auront déjà faite; je me contenterai de la résumer en quelque sorte en indiquant une des conséquences principales du système gothique, conséquence dans laquelle on suivra le développement constant du principe que nous avons posé.

Tout le monde a remarqué, dans l'architecture byzantine, la saillie des corniches, la manière très accentuée de marquer les lignes horizontales : dans l'architecture gothique, au contraire, ce sont les lignes verticales qui prennent cette prépondérance; et je n'ai pas besoin de faire observer le but évident de ce changement. Les divisions horizontales des travées sont faiblement indiquées dans une église gothique, quelquefois même déguisées par de faibles ornements, tandis que la forte saillie des colonnettes qui les séparent verticalement attire l'œil sur une ligne dont rien n'interrompt la longueur.

De même, dans la disposition des façades, les architectes du xive siècle se sont particulièrement étudiés à faire pyramider l'ensemble du frontispice, en rompant par la multitude de leurs pinacles les lignes horizontales, que leurs devanciers accusaient, au contraire, avec une espèce d'affectation. Pour citer un exemple frappant, je prierai le lecteur de jeter les yeux sur un dessin de la façade de Saint-Gilles et sur un autre de la façade de la cathédrale de Reims. La comparaison de ces deux édifices, admirables chacun dans leur système, en dira plus que tout ce que je pourrais ajouter. Je ferai remarquer pourtant encore la multitude des plans en saillie et en retraite sur la façade gothique et le plan uni de la façade bysantine; enfin, la division de la première en une infinité de parties distinctes, et toutes d'une importance secondaire en soi, mais qui de loin se réunissent facilement en un ensemble systématique; et la division de la seconde en un moins grand nombre de parties, mais beaucoup plus indépendantes les unes des autres.

Il me reste à dire un mot de l'ornementation gothique, de son origine et de son développement. À son début elle n'eut point de caractère qui lui fût propre, car nous voyons les cathédrales du XIIIe siècle commencer avec les ornements du XIIe à peine modifiés. On se rappellera seulement que dès lors on avait déjà presque entièrement renoncé aux représentations d'hommes ou d'animaux formant bas-relief autour de la corbeille des chapiteaux. Le chapiteau historié était définitivement remplacé par le chapiteau à feuillages fantastiques. A mesure que les ouvriers se perfectionnaient, la sculpture faisait des pas rapides vers l'imitation. Les statues roides et longues outre mesure du xiie siècle, s'animent au xiiie, prennent du mouvement et de la grâce. On étudie les draperies, et l'on commence à travailler d'après nature. Dès lors seulement l'ornementation gothique se sépare tout-à-fait des traditions bysantines, et son caractère propre s'est formé. A mesure que l'on faisait des progrès dans la pratique, que les difficultés d'exécution disparaissaient petit à petit, on remplaçait les feuilles fantastiques du xiie siècle par des feuillages fidèlement copiés, tels que les offre la nature. On commença par rendre les feuilles les plus larges et d'un contour nettement dessiné : ainsi la feuille d'eau, celle de chêne, de châtaignier se présentent d'abord. Bientôt il n'y eut pas une feuille des champs ou des bois qu'on ne parvînt à rendre avec une surprenante vérité. Sous le rapport de la naïveté dans l'imitation des formes végétales, et de la finesse du travail, la sculpture avait atteint, dès le xive siècle, un degré de perfection qu'on ne pouvait plus dépasser (1). D'ailleurs l'emploi des ornements était le même, je veux dire qu'ils s'appli-

---

(1) Les chapiteaux bysantins conservèrent presque tous le profil corinthien ; mais quand, aux végétaux conventionnels, on en substitua de réels, ces profils s'altérèrent. En effet, comment conserver les volutes quand on remplaça les feuilles d'acanthe par des feuilles dechêne et de peuplier?

quaient aux mêmes parties que dans les siècles précé-
dents, seulement on ne les prodiguait plus comme
dans les dernières années de l'architecture bysantine,
où il semblait que l'on eût à cœur de ne pas laisser
une seule partie lisse. La décoration gothique eut
quelque chose de plus large et de plus grand. Puis,
par cette tendance à généraliser, à systématiser, propre à cette période du moyen âge, on adopta presque exclusivement pour l'intérieur des églises les motifs tirés du règne végétal, du moins les figurines et
les compositions de bas-relief ne parurent-elles plus
d'ordinaire que dans les voussures et les tympans
des portails. Au demeurant, pas plus alors qu'aupara-
vant, on ne pensait à donner à toutes les parties de
l'édifice une ornementation uniforme et symétrique.
La plus grande variété dans les détails continuait
à être en usage. Il fallut que les ouvriers fussent
devenus des machines pour qu'on songeât à tout ré-
gulariser.

C'est donc au xive siècle que l'architecture gothique arrive à son plus haut point de splendeur. Hardiesse de plan, habileté d'exécution, finesse de travail, elle possède toutes ces qualités. Son système
est complet, homogène; elle a des écoles et des
principes arrêtés. Déjà elle peut rendre à l'Orient
les emprunts que lui avait faits l'architecture bysantine.

Mai 1837.

www.ingramcontent.com/pod-product-compliance
Lightning Source LLC
LaVergne TN
LVHW011357170726
843501LV00006B/1878